NOTICE

DES

ESTAMPES

ANCIENNES ET MODERNES,

FORMANT LE CABINET DE FEU

M. Louis-Joseph JECKER,

RÉDIGÉE PAR M. CH. LEBLANC.

VENTE

LE MARDI 11 NOVEMBRE 1851,

à deux heures,

RUE THÉRÈSE, N° 10.

EXPOSITION PUBLIQUE

les Samedi 8 et Dimanche 9 Novembre 1851,

de midi à quatre heures.

M⁺ Delbergue Cormont Successeur de
M⁺ DURAND, Commissaire-Priseur, à Paris,
Rue de Provence, n. 10

PARIS

IMPRIMERIE ET LITHOGRAPHIE DE MAULDE ET RENOU,

Rue Bailleul, 9 et 11.

1851

Cette notice ainsi que le catalogue des Tableaux
se distribuent :

A PARIS. Chez M° Durand, Commissaire-Priseur; rue de
          Provence, 46.
          M. François, Peintre-Expert, r. Taitbout, 23.
A LONDRES. M. Phillips, New Bond Street, 73.
          M. Dom. Colnaghi, 14, Pall Mall East.
A BRUXELLES. M. Henis, rue Royale, 101.
          M. Leroy (Etienne), rue Fossé-aux-Loups.
A AMSTERDAM. M. Bondguerst, Heerengracht, 30.
A ROTTERDAM. M. Lamme, Schiedamsche Dyk.
A LA HAYE. M. Euthoven, plein, 911.
A VIENNE. MM. Rozemann et Schweiger.
A BERLIN. M. Selke.
A MUNICH. M. Brulliot, Conservateur du Musée.
A LEIPSICK. M. Rod. Weigel.

NOTICE

DES

ESTAMPES

ANCIENNES ET MODERNES,

FORMANT LE CABINET DE FEU

M. Louis-Joseph JECKER,

RÉDIGÉE PAR M. CH. LE BLANC.

VENTE

LE MARDI 11 NOVEMBRE 1851,

à deux heures,

RUE THÉRÈSE, N. 10,

EXPOSITION PUBLIQUE

Les Samedi 8 et Dimanche 9 Novembre 1851,

de midi à quatre heures.

M. DURAND, Commissaire-Priseur, à Paris,

Rue de Provence, n. 50.

PARIS

IMPRIMERIE ET LITHOGRAPHIE MAULDE ET RENOU,
Rue Bailleul, 9-11, près le Louvre.

1851

CONDITIONS DE LA VENTE.

La vente sera faite au comptant

Les acquéreurs paieront 5 p. 100 en sus des adjudications.

ORDRE DES VACATIONS.

Pour la vente des collections et objets divers dépendant de la succession M. Jecker.

Lundi 10 novembre à midi, collection de Tableaux capitaux et Aquarelles.

Mardi 11 à deux heures, les Estampes du présent catalogue.

Mercredi 12 à midi, une petite collection de minéraux étrangers, livres de médecine et Albums, Bronzes et riche mobilier.

AVANT-PROPOS.

Fixé à Paris après de longs voyages, et possesseur d'une belle fortune, M. Louis-Joseph Jecker avait commencé à former un cabinet de tableaux et d'estampes qui serait devenu, avec le temps, un des plus beaux et des mieux choisis ; sa mort est une véritable perte pour les arts.

La vente des tableaux de M. Jecker aura lieu le 10 novembre prochain, et sera dirigée par M. François, expert.

Le catalogue de ses estampes, que nous publions aujourd'hui, offre une réunion de pièces d'élite, gravées par des artistes anciens et modernes, et particulièrement par des graveurs de l'école de Marc Antoine, pour lequel M. Jecker avait une prédilection marquée ; quelques-unes de ces pièces sont fort belles, et proviennent des célèbres collections de lord Aylesford, Joshua Reynolds, J. Richardson, W. Esdaille, Verstolck, etc.

On sait que M. Jecker, doué d'un grand amour pour

les beaux-arts, a légué au cabinet des Estampes celles de ses gravures que ce cabinet ne possédait pas déjà, et que la plupart de ses acquisitions avaient même été faites dans ce but. Le nombre de ces pièces s'est élevé à cinquante trois. Ce legs a restreint naturellement notre catalogue, mais il est, pour M. Jecker, un titre de gloire, et ce titre lui assure la reconnaissance de tous ceux qui possèdent, comme lui, le goût et la connaissance des estampes.

C. L. B.

NOTA. — Les numéros compris entre des parenthèses, à la fin des articles, se rapportent au *Peintre-graveur* de Bartsch, ou au *Peintre-graveur français* de M. Robert-Dumesnil.

DÉSIGNATION

DES ESTAMPES

ANONYME, graveur sur bois.

1. — Saint Christophe, copie de la célèbre estampe de 1423.

1.50
Le Blanc

ALDEGREVER (Heinrich).

2. — Hercule aide Atlas à soutenir le ciel (91).

1

AUDRAN (Gérard).

3. — La Femme adultère, d'après Nicolas Poussin. 2ᵉ état.
Très belle épreuve avant les points.

56
Chambry

BARBARY. (Jacques de), dit Le Maître au Caducée

4. — Mars et Vénus (20).

Belle épreuve qui a subi quelques restaurations et qui est doublée.

Nota. — Les pièces de ce maître sont très rares et très recherchées.

BERGHEM (Claas).

5. — Le Joueur de cornemuse, pièce dite le *Diamant*. 1er état, avant le nom, très rare.

Belle épreuve sur papier à la Folie.

BOLSWERT (Schelte à).

6. — Le Christ au roseau, ou le Couronnement d'épines, d'après Ant. Van Dyck. 1er état, avant les contretailles.

Belle épreuve.

BOUCHER DESNOYERS (le baron Auguste).

7. — La Vierge au linge, d'après Raphaël Sanzio.

Epreuve avant la lettre.

8. — La Vierge au poisson, d'après Raphaël Sanzio.

Epreuve avant la lettre.

DAMMETSCH (Lucas), dit Lucas de Leyde.

9. — La Descente de croix (53).

10. — Marie Madeleine se livrant aux plaisirs du monde, pièce connue sous le nom de *la Danse de la Madeleine* (122).　29

Cette estampe a été raccommodée dans un angle.

DREVET (Pierre).

11. — Portrait du maréchal de Villars. 1er état, avant la lettre et avec les angles supérieurs blancs.　135

Très belle épreuve.

DURER (Albert).

12. — Adam et Eve (1).　490

Très belle épreuve.

13. — Saint Hubert, ou saint Eustache (57).　42

Épreuve belle, mais très fatiguée.

14. — La grande Fortune (77), appelée aussi *la Pandore.*　76

Très belle épreuve; elle vient de la collection du docteur Péart.

EDELINCK (Gérard).

15. — La Sainte-Famille, d'après Raphaël Sanzio. 2e état, avant les armes (R-D. 4).　345

Belle épreuve.

GHISI (Adam).

16. — Deux Amours montés sur des dauphins, d'après Jules Romain (13).　6

Belle épreuve avec marge.

LONGHI (Giuseppe).

325 17. — Sainte Madeleine, d'après Le Corrège.
Épreuve avant la lettre et les armes.

MANTEGNA (Andrea).

160
Evans 18. — Jésus descendant aux Limbes (5).
Belle épreuve.

41 19. — La Danse de quatre femmes..
Bartsch, t. 13, p. 305, attribue cette pièce à Andrea (Zoan).

MECKEN (Israël Van).

39 20-21. — Deux sujets de la vie de la Sainte-Vierge :
la Naissance de la Vierge (31) ; le Mas-
sacre des Innocents (38). 2 pièces.
Belles épreuves, mais retouchées et complétées à la plume.

MERCURY (Pierre).

156
Clément 22. — Les Moissonneurs, d'après Léopold Robert.
2e état, avant la lettre, mais avec le nom
de Chardon.
Très belle épreuve sur papier de Chine, signée par le graveur.

MORGHEN (Raphaël).

800
Rutter 23. — Le Char de l'Aurore, d'après la fresque
peinte par le Guide au palais Rospigliosi.
Épreuve avant la lettre.

MÜLLER (Christian Frédéric).

21. — La Madone de saint Sixte, d'après Raphaël
    Sanzio, gravée sur le dessin fait par
    M⁰ Séi Delman.

Superbe épreuve terminée avant toute lettre.

MUSI (Agostino de), dit Augustin Vénitien.

25. — La Marche de Silène, d'après Jules Romain
    (240).

Très belle épreuve d'une des estampes estimées d'Augustin Véni-
tien.

OISEAU (I.-B., Maître à l').

26. — L'Enlèvement d'Europe (4).

Cette pièce est doublée.

PORPORATI (Carlo).

27. — Suzanne au bain, d'après Jean-Baptiste San-
    terre.

Epreuve avant la lettre.

RAIMONDI (Marc Antonio).

28. — David coupant la tête à Goliath, d'après Ra-
    phaël Sanzio (10).

Epreuve avec la tablette, mais avant l'adresse de Salamanque;
elle a été restaurée.

29. — Le Massacre des Innocents, d'après Raphaël

Sanzio (18). Pièce dite *au châtol*, avec 4 lignes de marge.

Belle épreuve restaurée.

58   30. — Le Massacre des Innocents, d'après Raphaël Sanzio (18).

Epreuve doublée.

840   31. — La Cène, d'après Raphaël Sanzio (26).

Très belle épreuve.

155   32. — La Descente de croix, d'après Raphaël Sanzio (32).

Belle épreuve.

110   33. — La Vierge pleurant sur le corps mort de J.-C., d'après Raphaël Sanzio (35).

Très belle épreuve.

102   34. — Ananie frappé de mort, d'après Raphaël Sanzio (42). 1er état, avant les adresses.

Belle épreuve de la collection W. Esdaile.

155   35. — La Sainte-Vierge assise sur des nues, d'après Raphaël Sanzio (47).

Pièce rare.

335   36. — La Sainte-Vierge assise sur des nues, d'après Raphaël Sanzio (52).
Rutter

Magnifique épreuve.

121   37. — La Sainte-Famille, d'après Raphaël Sanzio (60).

1200   38. — La Vierge au Palmier, d'après Raphaël Sanzio (62).
Le Blanc
pour Simon

Magnifique épreuve.

39. — Le Martyre de St-Laurent, d'après Baccio
   Bandinelli (104). *120* *Chavanne*
   Belle épreuve.

40. — Les cinq Saints, d'après Raphaël Sanzio
   (B. 113). *79*
   Belle épreuve; elle a été légèrement restaurée.

41 — Sainte-Cécile, d'après Raphaël Sanzio (116). *760*
   Magnifique épreuve.

42. — Le Martyre de sainte Félicité, d'après Raphaël Sanzio (117). *72*
   Epreuve très belle, mais doublée.

43. — Didon, d'après Raphaël Sanzio (187). Pièce
   très rare. *65*
   Belle épreuve; elle provient du cabinet Durand.

44. — Lucrèce, d'après Raphaël Sanzio (192). *315*
   Epreuve très fine et bien conservée. *Rutter*

45. — Alexandre faisant serrer les livres d'Homère,
   d'après Raphaël Sanzio (207). *135*
   Belle épreuve.

46. — Le Triomphe, d'après un bas-relief (213). *209*
   Très belle épreuve; elle provient des collections Denon et Debois. *Evans*

47. — La Danse des Amours, d'après Raphaël Sanzio (217). *155*

48. — Le Jugement de Pàris, d'après Raphaël Sanzio (245). *325*
   Belle épreuve.

200
Fatout

49. — Le Parnasse, d'après Raphaël Sanzio (247).
Epreuve très belle et bien conservée.

135

50. — La Bacchanale, d'après un bas-relief antique (249).
Belle épreuve ; elle porte au dos la signature de Pierre Mariette.

92

51. — Le Satyre et l'Enfant, d'après Raphaël Sanzio (281).
Très belle épreuve d'une pièce rare.

540
Colnaghi

52. — Le jeune et le vieux Bacchant (294).
Magnifique épreuve avec 6 lignes de marge.

130

53. — Vénus sortie du bain, d'après Raphaël Sanzio (297).
Très belle épreuve.

160
Evans

54. — La Vendange, d'après Raphaël Sanzio (306).
Magnifique épreuve.

126

55-56. — Deux angles de la galerie Ghigi : Jupiter embrassant l'Amour (542); légèrement restaurée. Cupidon et les trois Graces (344).
La dernière pièce est doublée.

505
Evans

57. — Le Triomphe de Galatée, d'après Raphaël Sanzio (350).
Très belle épreuve.

186

58. — La Philosophie, d'après Raphaël Sanzio (381).
Belle épreuve ayant appartenu à Pierre Mariette ; elle est un peu fatiguée.

59. — La Poésie, d'après Raphaël Sanzio (382).
Très belle épreuve.

325 Colnaghi

60. — Les deux Femmes au Zodiaque, d'après Raphaël Sanzio (397).

Epreuve très fine ; elle a été pliée par le milieu et a légèrement souffert.

75 Evans

61. — La Peste, d'après Raphaël Sanzio (417).
Belle épreuve.

145 Evans

62. — la Chasse aux Lions, d'après un bas-relief (422).
Epreuve avant l'adresse de Salamanque.

40 Chavanne

63. — L'Homme à genoux à la lisière d'un bois, d'après Raphaël Sanzio (434).
Pièce rare ; très belle épreuve.

51 Guichardot pour Dutuit

64. — La Femme pensive, d'après Raphaël Sanzio (460).
Epreuve provenant de la collection de Jonathan Richardson.

100

65. — L'Homme au drapeau, d'après Raphaël Sanzio (481).

72 Fatout

66. — Les Grimpeurs, d'après Michel Agnolo Buonarroti (487)
Magnifique épreuve très bien conservée.

1320 Evans

67. — La Cassolette, d'après Raphaël Sanzio (489).
Très belle épreuve avant l'adresse de Salamanque ; elle porte la marque de Sir Joshua Reynolds.

460 Evans

RAVENNE (Marc de).

40
Le Clerc.

68. — Vénus blessée par l'épine d'un rosier, d'a-
près Raphaël Sanzio (321).

Cette pièce est doublée.

REMBRANT (Paul).

905
Le roux

69. — La Descente de croix (81). 2ᵉ état, avant
l'adresse.

Superbe épreuve.

800
Leroux

70. — Jésus-Christ guérissant les malades, pièce
connue sous le nom de *la Pièce aux cent
florins* (74).

Très belle épreuve du 1ᵉʳ état de Bartsch.

715
Leroux

71. — Le Paysage aux trois arbres (212).

Pièce rare ; très belle épreuve avec 3 lignes de marge ; elle est sur
papier à la Folle et provient de la collection de lord Aylesford.

64
Rutter

72. — La Chaumière au grand arbre (226).

Belle épreuve avec marge ; elle vient de la collection de lord Aylesford.

310
Evans

73. — L'Abreuvoir de la Vache (237).

Très belle épreuve sur papier du Japon, avec barbes, de la collection de lord Aylesford.

155
Dreux

74. — Portrait de Jean Lutma (276).

Belle épreuve, 2ᵉ état.

SCHONGAUER (Martin).

51

75. — La Nativité (4).

Epreuve belle, mais doublée.

VISSCHER (Corneille).

76. — La Fricasseuse, ou faiseuse de gâteaux.   *11*
    4ᵉ ~~2ᵉ~~ état, ~~rare, avant~~ le nom de Clément de
      Jonghe. *effacé*
   Epreuve très belle et bien conservée.

WOOLLETT (William).

77. — La Bataille de la Hogue, d'après Benjamin   *161*
      West.   *Collette*
   Epreuve avant la lettre terminée ; très belle.

78. — Les Edifices romains en ruine, d'après   *205*
      Claude Gellée, dit le Lorrain.
   Epreuve avant la lettre.

79. — Le Grand Pont, d'après Claude Gellée.   *150*
   Epreuve avant la lettre et les noms des artistes.

80. — Les Cadres et articles omis.

.. Ste. Amelie par Mercuzy, avant la lettre   110

.. Le président Durantz par Peleé, avant la lettre   23

2 copies d'A. Durer

3 estampes dans un cadre.

Imp. de Maulde et Renou, rue Bolleul 9-11

Vente des estampes de Louis-Joseph Jecker [reporté]

Paris 11 nov. 1851   Durand, C.P. — Ch. Le Blanc Ex.

Lot	Prix	Acheteur	Lot	Prix	Acheteur	Lot	Prix	Acheteur
1	1.50	Le Blanc	29	125		59	375	Colnaghi
2	1		30	58		60	75	Evans
3	56	Chambry	31	840		61	145	Evans
4	30		32	155		62	40	Chavanne
5	249		33	110		63	51	Guichardot pr. Dutuit
6	500	Leroux	34	102		64	100	
7	165	Evans	35	155		65	72	Fatout
8	145		36	335	Rutter	66	1320	Evans
9	2.25		37	121		67	460	Evans
10	.29		38	1200	LeBlanc pr. Simon	68	40	Le Clerc
11	135	Fatout pr. Dutuit	39	120	Chavanne	69	905	Leroux
12	490		40	70		70	800	Leroux
13	42		41	760		71	285	Leroux
14	26	Blaisot	42	72		72	64	Rutter
15	345	Colette	43	65		73	310	Evans
16	6		44	315	Rutter	74	155	Dreux
17	325		45	135		75	51	
18	160	Evans	46	209	Evans	76	11	(c'est du 4e état - non eff...)
19	41		47	155		77	161	Collette
20) 21)	39		48	325		78	205	
22	156	Clément	49	200	Fatout	79	150	
23	800	Rutter	50	135		80	133	
24	1155	Chambry	51	92				
25	33	Guichardot	52	540	Colnaghi			
26	31	LeBlanc pr. Weigel	53	130				
27	90		54	160	Evans			
28	50		55)	125				
			56)	528	Evans			
			57	495 505	Evans			
			58	185